28 Février 1883.

VENTE

Du Mercredi 28 Février 1883

HOTEL DROUOT, SALLE N° 5

A 2 HEURES

COLLECTION

DE

FAÏENCES ITALIENNES

ET

HISPANO - MORESQUES

M° Paul CHEVALLIER
Succ' de **M° Ch. PILLET**
10, rue de la Grange-Batelière.

M. Charles MANNHEIM
7, rue Saint-Georges.
Paris.

EXPOSITION PUBLIQUE

Le Mardi 27 Février 1883, de 1 heure à 5 heures.

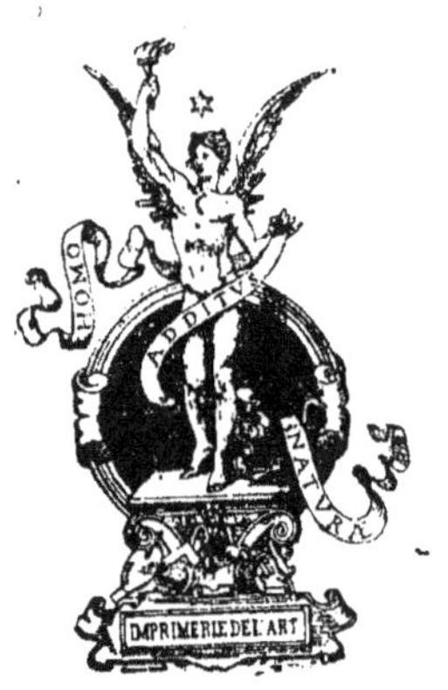

HOMO
ADDITVS
NATVRÆ
IMPRIMERIE DE L'ART

CATALOGUE

D'ANCIENNES FAIENCES

ITALIENNES

Plats, Assiettes, Vases, Cornets, Plaques, etc.

des Fabriques de Gubbio, Pesaro, Deruta, Caffagiolo,

Faënza, Urbino, Castel-Durante, Castelli,

et autres.

FAIENCES HISPANO-MORESQUES

DONT LA VENTE AURA LIEU

HOTEL DROUOT, SALLE N° 5

Le Mercredi 28 Février 1883

A DEUX HEURES

COMMISSAIRE-PRISEUR

Mᵉ PAUL CHEVALLIER, Succʳ de Mᵉ CH. PILLET

10, rue de la Grange-Batelière, 10

EXPERT

M. CH. MANNHEIM, 7, rue Saint-Georges.

EXPOSITION PUBLIQUE

Le Mardi 27 Février 1883, de 1 heure à 5 heures.

CONDITIONS DE LA VENTE

Elle sera faite au comptant.

Les adjudicataires payeront *cinq pour cent* en sus des enchères.

L'exposition mettant le public à même de se rendre compte de l'état des objets, il ne sera admis aucune réclamation une fois l'adjudication prononcée.

Paris. — Imprimerie de l'Art, J. Rouam, 41, rue de la Victoire.

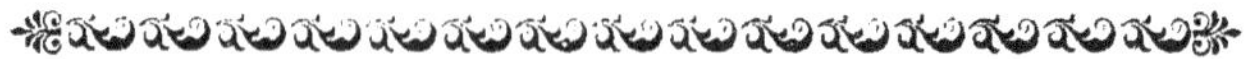

DÉSIGNATION DES OBJETS

FAIENCES ITALIENNES

1 — Fabrique de Gubbio. — Petite coupe ronde repoussée à bossages et offrant à son centre un buste de sainte femme en relief et au marli des fruits saillants et des ornements. Décor à reflets métalliques mordorés et bleu nacré rehaussé de bleu.

2 — Même fabrique. — Coupe d'accouchée sur piédouche, à décor à reflets métalliques, rehaussé de couleurs et composé de mascarons, de trophées d'armes et d'un sujet ayant trait à son emploi.

3 — Fabrique de Pesaro. — Plat rond à décor à reflets métalliques mordorés et bleu nacré rehaussé de bleu. Au fond, les figures du

Christ et d'un saint personnage. Le marli est couvert d'un décor à damier.

4 — Fabrique de Pesaro. — Plat rond à décor à reflets métalliques mordorés et bleu nacré rehaussé de bleu. Au centre, femme debout tenant un glaive de la main droite et un cœur couronné de la main gauche. Le marli est décoré de palmettes et d'imbrications.

5 — Même fabrique. — Plat rond à décor analogue. Au fond, un buste d'empereur romain de profil à gauche; au marli, imbrications et rinceaux.

6 — Même fabrique. — Plat rond à décor à reflets métalliques bleu nacré. Au fond, buste de femme de profil à gauche et banderole portant une inscription; au marli, couronne de fleurs et de feuillages sur fond blanc et bleu.

7 — Même fabrique. — Petit vase ou cruche à une anse à décor à reflets métalliques, composé du monogramme du Christ et d'ornements.

8 — Même fabrique. — Plat rond, décor polychrome. Au fond, figure de guerrier debout; au marli, rinceaux et rosaces.

9 — Fabrique de Pesaro. — Plat rond, décor polychrome. Au fond, écusson armorié sur fond
bleu ; au marli, ornements sur fond jaune
orangé.

10 — Même fabrique. — Plat rond, décor polychrome. Au fond, écusson armorié ; au
marli, rubans enlacés.

11 — Fabrique de Deruta. — Petit plat rond à décor
à reflets métalliques rehaussé de bleu sur
fond blanc et composé de branches de
tulipes.

12 — Fabrique de Caffagiolo. — Petit plat rond,
décor polychrome ; au centre, tête de profil
sur fond jaune ; au marli, ornements concentriques variés. Au revers, décor au trait en
bleu et jaune.

13 — Même fabrique. — Petit plat rond et creux,
décoré d'une rosace au fond et présentant au
marli des imbrications et des palmettes sur
fond jaune. Au revers, décor au trait en bleu
et jaune.

14 — Même fabrique. — Petit plat rond, décor

polychrome : buste de femme de profil à droite. Époque primitive.

15 — Fabrique de Caffagiolo. — Plat rond et creux, décor polychrome. Au fond, buste de femme de profil à gauche ; au marli, palmes fleuries sur fond blanc ; à la chute, couronne de fleurs. Au revers, sigle inconnu et lignes concentriques.

16 — Même fabrique. — Vase de pharmacie à anse et goulot, décor polychrome à buste sur fond bleu et ornements.

17 — Même fabrique. — Deux grands cornets décor polychrome : bustes de femmes et ornements.

18 — Même fabrique. — Deux autres cornets à bandes d'ornements placées horizontalement et superposées.

19 — Fabrique de Faenza. — Deux cornets décorés de médaillons de personnages et fond couvert d'ornements losangés, rinceaux et rosaces polychromes.

20-21 — Même fabrique. — Quatre cornets analogues à ceux qui précèdent, mais plus petits.

22 — Fabrique d'Urbino. — Petit plat rond décoré d'un sujet allégorique à la gloire; dans le haut du sujet, un écusson portant la figure d'Hercule combattant le lion. Au revers, la date de *1532* et la signature de *Fra Xanto da Rovigo.*

23 — Même fabrique. — Plat rond représentant le sujet d'Alexandre et Diogène. Il porte au revers la date de *1534* et le nom : *In Urbino.*

24 — Même fabrique. — Plat ovale en hauteur décoré d'un sujet tiré des *Métamorphoses d'Ovide.* Au marli, grotesques sur fond blanc, et au-dessus du sujet, grand écusson armorié.

25 — Même fabrique. — Plat rond représentant un sujet mythologique, composition de vingt-deux figures.

26 — Même fabrique. — Plat rond représentant le sujet de *Joseph vendu par ses frères.* Cadre en bois noir.

27 — Même fabrique. — Petit plat rond et creux. Au fond, vue de ville; à droite, personnage étudiant la sphère céleste; à gauche, groupe de trois figures.

28 — Fabrique d'Urbino. — Coupe ronde sur pied
bas. Elle représente le sujet de Diane décou-
vrant la grossesse de Calisto.

29 — Même fabrique. — Plat rond décoré de la
figure de la Vérité dans un paysage.

3o — Même fabrique. — Plateau rond, décoré de car-
touches soutenus par des génies ailés, oiseaux
et grotesques sur fond blanc. Époque des
Patanazzi.

31 — Même fabrique. — Coupe ronde sur piédouche
à décor de même style.

32 — Même fabrique. — Plat rond décoré d'une
figure d'amour au centre et d'ornements et
grotesques au marli.

33 — Même fabrique. — Coupe ronde à godrons,
décorée de trophées d'armes en camaïeu bleu
sur fond bleu, et d'une figure d'amour au
centre.

34 — Même fabrique. — Plat rond décoré au centre
de la figure du Créateur debout, et au marli
de grotesques sur fond blanc. Cadre en bois
noir.

35 — Fabrique d'Urbino. — Gourde en forme de
poisson, décor polychrome.

36 — Même fabrique. — Deux salières carrées à
cariatides de femmes ailées aux angles et
décor polychrome sur blanc.

37 — Même fabrique. — Grand vase ovoïde à deux
anses, décoré de grotesques sur fond blanc.

38 — Même fabrique. — Deux petits cornets, décor
polychrome à paysages et vues de ville.

39 — Même fabrique. — Deux très petits cornets
décorés d'armoiries à têtes de nègres.

40 — Fabrique de Castel-Durante. — Deux grands
vases de forme sphérique, décor polychrome
à médaillons, saints personnages et fond
couvert de rinceaux sur fond bleu. Haut., 41 c.

41 — Même fabrique. — Deux vases analogues à ceux
qui précèdent, mais plus petits. Haut., 39 c.

42 — Même fabrique. — Deux vases de forme sphérique à doubles médaillons bustes et fond
couvert de rinceaux sur fond bleu. Haut., 35 c.

43 à 47 — Fabrique de Castel-Durante. — Dix vases
de même forme et de même décor, de dimen-
sions variées. Ils seront vendus par deux.

48-49 — Même fabrique. — Quatre vases de même
forme, à décor polychrome, zones de fruits
et de feuillages.

50 — Même fabrique. — Deux cornets de même
décor, à panse cylindrique.

51 — Même fabrique. — Deux cornets analogues,
mais plus petits.

52 — Même fabrique. — Deux cornets cylindriques,
décor polychrome à médaillons, saints personnages et fond couvert de trophées d'armes.

53 — Même fabrique. — Deux vases de pharmacie à
anses et goulot, décor polychrome à rinceaux
sur fond bleu, et bustes dans les médaillons.

54 — Même fabrique. — Deux vases ovoïdes à médaillons décorés d'un ange debout et fond couvert d'ornements et de trophées d'armes.

55 — Fabrique de Castel-Durante. — Deux vases
analogues à ceux qui précèdent.

56 — Même fabrique. — Deux vases ovoïdes à médaillons, buste d'homme et saint personnage,
et fond couvert de trophées d'armes sur fond
bleu.

57 — Même fabrique. — Deux petits vases forme
bouteille à panse sphérique, décorés de
bustes et de rinceaux sur fond bleu.

58 — Même fabrique. — Deux petits cornets de
même style.

59-60 — Fabrique, de Castelli. — Quatre petites
plaques ovales, décorées de paysages avec
personnages et bestiaux. Elles seront vendues
par deux.

61 — Même fabrique. — Deux petites plaques rectangulaires décorées de groupes de figures
dans des paysages.

62 — Même fabrique. — Deux petits plats décorés
de figures de génies assis dans des paysages.
Cadre en bois noir.

63 — **Fabrique de Castelli.** — Deux petites assiettes
à décor analogue aux plats qui précèdent.

64 — Même fabrique. — Deux petites assiettes décorées de paysages avec monuments et ruines.

65 — Même fabrique. — Deux petites assiettes décorées de paysages au fond et de génies et de
mascarons au marli.

66 — Même fabrique. — Deux plaques rondes décorées de paysages. Cadres en bois noir.

67 — Même fabrique. — Trois grandes plaques rectangulaires, représentant des paysages avec
monuments et ruines. Cadres dorés.

68 — Même fabrique. — Plaque rectangulaire à
décor rehaussé d'or, représentant la Sainte-
Famille, d'après Annibal Carrache.

69 — Même fabrique. — Plaque rectangulaire représentant le Massacre des Innocents.

70 — Même fabrique. — Plaque ovale en hauteur,
représentant un saint personnage en ado-
ration devant l'Enfant Jésus.

71 — Fabrique de Castelli. — Plaque rectangulaire
en hauteur, représentant Tobie rendant la
vue à son père. Cadre noir et or.

72 — Même fabrique. — Grande plaque cintrée par
le haut et représentant la Vierge et l'Enfant
Jésus.

73 — Même fabrique. — Deux plaques rectangulaires
en largeur, représentant l'une le Triomphe
d'Amphitrite, et l'autre le Triomphe de
Cérès.

74 — Même fabrique. — Deux autres plaques rectangulaires, représentant des paysages avec
personnages.

75 — Même fabrique. — Trois tasses hautes avec
soucoupes décorées de personnages dans des
paysages.

76 — Même fabrique. — Deux pièces : Plateau et
sucrier de décor analogue.

FAIENCES DIVERSES

77 — Coupe ronde à godrons, décor polychrome à rosace et rayons sur fond blanc.

78 — Grand plat rond, décor polychrome; au fond, Saint Jean debout; au pourtour, couronne de fruits et de feuillages.

79 — Plat rond, décor polychrome, décoré d'une figure de femme dans une couronne d'ornements.

80 — Plateau rond sur piédouche à décor bleu; au centre, une figure d'Orphée dans une couronne d'ornements.

81 — Trois petits plats en faïence de Savone à décor bleu.

82 — Plat rond en faïence de Trévise à paysage au centre et ornements en relief décorés en manganèse au marli.

83 — Secchia à anse surélevée et à panse sphérique
en faïence à décor bleu sur blanc : bustes,
corbeille de fleurs et ornements.

84 — Saucière oblongue décorée d'une figure de
femme nue en relief, tenant une corne
d'abondance.

85 — Petite saucière à deux anses, décorée de grotesques sur fond blanc.

86 — Vase sphérique à deux anses serpents et piédouche bas, décor polychrome à armoiries et
grotesques sur fond blanc.

87-88 — Quatre vases de pharmacie à panse ovoïde,
à anse et à goulot, décorés de rinceaux sur
fond bleu. Ils seront vendus par deux.

89-90 — Quatre autres vases de même forme, décorés
de rinceaux bleus sur fond blanc.

91 — Deux vases ovoïdes à rinceaux verts sur fond
blanc et médaillons, bustes de saints personnages.

92 — Deux vases ovoïdes à deux anses décorés de
saints personnages debout sur fond blanc.

93 à 102 — Vingt vases modèle cornet, à décors
variés.

103 — Deux petits vases forme boule, à deux anses,
décorés de rinceaux bleus.

104 — Deux petits vases ovoïdes à couvercles, déco-
corés d'ornements polychromes.

105 — Deux vases à pans et simulant des encensoirs
gothiques, décor rose et vert.

106 — Deux cornets, à décor en camaïeu bleu sur
fond bleu empois.

107 — Deux autres cornets, décor polychrome à
fleurs sur fond blanc.

FAIENCES HISPANO-MORESQUES

108 — Fabrique hispano-moresque. — Plat rond à ombilic, à décor à reflets métalliques cuivreux, à feuillages et ornements et bandes bleues.

109 — Même fabrique. — Plat rond à ombilic et marli gaufrés en relief et à décor de fleurs et feuillages à reflets métalliques mordorés.

110 — Même fabrique. — Plat rond à décor à reflets métalliques mordorés. Au centre, un écusson armorié, et godrons en spirale au marli, décorés d'ornements et de feuillages.

111 — Même fabrique. — Plat rond à décor analogue à celui qui précède. Celui-ci porte à son centre le monogramme du Christ.

112 — Même fabrique. — Plat rond à décor à reflets métalliques mordorés, composé d'un oiseau, de feuillages et ornements.

113 — Fabrique hispano-moresque. — Plat rond, à
décor analogue à celui qui précède.

114-117 — Même fabrique. — Quatre plats ronds
décorés de fleurs et d'ornements en bleu sur
blanc. Ils seront vendus séparément.

118 — Même fabrique. — Plateau rond sur piédouche, à décor à reflets métalliques cuivreux.

119 — Même fabrique. — Trois petits plats ronds à
décor à reflets métalliques cuivreux et mordorés.

120 — Fabrique espagnole. — Plat rond à rosace
polychrome sur fond blanc.

www.ingramcontent.com/pod-product-compliance
Lightning Source LLC
LaVergne TN
LVHW011021180726
843502LV00007B/2681